ANSONNIER
DE L'HYMEN,
CHOIX D'ÉPITHALAMES
ET
DE CHANSONS DE MARIAGE,

A l'usage de ceux qui se marient, ou qui vont
à la noce,

TIRÉ DES MEILLEURS AUTEURS MODERNES.

TROISIÈME ÉDITION.

L'hymen est un lien charmant.

PARIS,

Chez CAILLOT, Libraire, rue Saint-André-
des-Arcs, n° 57.

CHANSONNIER
DE L'HYMEN,

OU

CHOIX D'ÉPITHALAMES

ET

DE CHANSONS DE MARIAGE,

à l'usage de ceux qui se marient, ou qui vont
à la noce,

TIRÉ DES MEILLEURS AUTEURS MODERNES.

TROISIÈME ÉDITION.

L'Hymen est un lien charmant.

PARIS,

chez CAILLOT, Libraire, rue Saint-André-
des-Arcs, n° 57.

1826.

IMPRIMERIE DE Mme GARNIER. TROYES.

CHANSONNIER

DE L'HYMEN.

LE MARIAGE.

Air du vaudeville de madame Scarron.

Gai, chantons,
Célébrons,
Dans notre allégresse ;
Le fortuné jour
Qui nous rassemble en ce séjour.
Oui, chantons,
Signalons,
Notre douce ivresse.
Fêtons,
Tour à tour,
L'Amitié, l'Hymen et l'Amour.

Auprès d'une femme aimable,
Reine d'un si beau festin,
Amis, nous devons à table
Entonner un gai refrain.
Lorsque je vois dans mon verre

Ce vin pétillant monter,
C'est sa mousse légère
Qui me fait répéter :
Gai, chantons, etc.

A LA MARIÉE.

Aux élans de la tendresse
Laissez prendre un doux essor,
Rose que zéphyr caresse
Cède à son brûlant transport,
Quand on cesse d'être fille,
Le cœur doit être joyeux ;
La mère de famille
Sait plaire à tous les yeux,
Gai, chantons, etc.

On voit bientôt en ménage
De jolis petits enfans,
Par un simple badinage
Exprimer leurs sentimens ;
L'un vous sourit avec grâce,
L'autre reste à vos genoux ;
Celui-ci vous embrasse,
Ses baisers sont bien doux.
Gai, chantons, etc,

AUX DEUX MARIÉS.

L'inconstance en mariage
Obscurcit les jours sereins ;
Mais quand on s'aime, on partage
Les plaisirs et les chagrins.
Heureux dans votre hyménée,
Vous allez donner le jour
    A nombreuse lignée,
    Qui doit dire à son tour :
        Gai, chantons,
        Célébrons,
Dans notre allégresse,
Le fortuné jour
Qui nous rassemble en ce séjour :
        Oui, chantons,
        Signalons
Notre douce ivresse.
        Fêtons,
        Tour à tour,
L'Amitié, l'Hymen et l'Amour.

M. C***.

LES PLAISIRS DE L'HYMEN.

AIR : *On nous dit qu' dans le mariage.*

LA liberté que chacun vante
Est sans doute un précieux bien ;
Mais quand la vertu nous enchante,
Nœud d'Hymen est un doux lien.
   Ah ! quand on s'aime bien,
   Un *oui* ne coûte rien ;
Et les prémices d'une rose
Méritent bien, méritent bien
   Qu'à l'épine on s'expose,

Si l'on sent un amour sincère,
Et que l'on fasse partager ,
Il faut mépriser la chimère
D'un prétendu mais vain danger.
   A ceux qui s'aiment bien,
   Un *oui* ne coûte rien :
Où serions-nous, amis et frères,
Si ce doux mot, si ce doux mot
   Eût effrayé nos pères,

Quand on a reçu d'une belle
Un tendre aveu, s'en tient-on là ?
Non, sans doute, mais la cruelle
N'entend plus rien après cela ;
  Mais si vous l'aimez bien,
  Un *oui* ne coûte rien :
Et par là vous lui faites faire,
Tout comme a fait, tout comme a fait,
  Tout comme a fait sa mère.

Pouvait-on nommer esclavage
Des nœuds entrelacés de fleurs ;
A mon sens un plus dur servage,
C'est d'attendre en vain des faveurs ;
  Mais quand on s'aime bien,
  Un *oui* ne coûte rien,
A l'amour on s'immole,
Et les plaisirs, et les plaisirs,
  Naissent d'une parole.

~~~~~~

LE NOUVEAU MARIÉ.

AIR : *Enfin, v'la donc qu'est bâclé.*

ENFIN m' v'là donc z'inscrit
Au grand livre d'hyménée.
Gnia pus à reculer, c'est dit :
A Manon ma main z'est donnée,
Et j' sis l'mari d'un vrai bijou
Qu'est la fin' fleur du Gros-Caillou.

Un jour que j'étions gaîment
Z'en ribotte à l'*Aventure*,
J'avisis c' tendron charmant
Qui vous dansait comme un' peinture,
Si bien que c' damné d' Cupidon
Tout droit au cœur m' fit un lardon.

Pour danser l' fin menuet
Poliment je vous la prie ;
On nous admire, et ça fait
Plaisir à toute la compagnie ;
Puis j' vous attrape un p'tit baiser
Qu'all' fait semblant de me r'fuser.

Comm' j'étais un p'tit brin d'dans,
J' voulus chiffonner ses nippes ;
D'un soufflet all' m' cass' trois dents ;
J' sentis qu'elle avait des principes ;
Et je m' dis tout en crachant le sang,
C'te fill' la m'irait comme un gant.

Frappé de c' début touchant,
J'étais resté bouche close,
Quand Manon m' dit tendrement :
« Eh quoi ! monsieur, vous v'là tout chose !
« Apprenez, ingrat, qu'un soufflet
« N' peut s' donner qu'à queuqu' z'un qui
    « plaît. »

Ah ! m'am'sell', que c' mot z'est doux !
V'là qui m' désenfle la joue ;
« R'menez-moi, dit-elle, cheux nous,
« Ça vaudra mieux que d' fair' la moue ;
« A présent qu' vous v'là mon amant,
« N' vous avisez pas d' faire l'enfant. »

J' la r'conduisis t'en effet,
Et d'après c'te p'tit' manœuvre,
J'en avons tant dit, tant fait,

Que l' surlend'main, bon jour, bonne
    œuvre,
Cadet gros nez, l' municipal,
Nous a baillé l' nœud conjugal.

V'là trois jours que j' suis t'heureux,
Z'au gré de mon espérance ;
Sur plus de vingt amoureux
J'ons obtenu la préférence ;
C'est bien doux d'épouser l' premier
C'tella qu' chérit tout un quartier.

L'AMOUR ET L'HYMEN.

Air de Lantara.

En folâtrant, l'Amour escorte
Les amans au temple d'Hymen ;
Le flambeau que Cupidon porte
Eclaire leurs pas en chemin.
Mais quelquefois, l'Hymen un peu sévère,
  A qui l'enfant fit plus d'un tour,
Pour se venger de son espiègle frère,
  Eteint le flambeau de l'Amour.

CHANSON DE NOCE.

AIR : *Femmes, voulez-vous éprouver.*

La belle chose que l'hymen ,
Quand de l'Amour il est l'ouvrage:
Non, selon moi, rien n'est divin
Comme le nœud du mariage.
Deux cœurs qu'unit un beau dessein ,
Et que le penchant seul engage ,
Coulent un temps pur et serein
Au sein d'un paisible ménage.

Tendres époux, dans ces beaux nœuds,
Votre constance enfin vous lie ;
Le sort vient de combler vos vœux ,
L'Amour vous voit avec envie ;
Que la jalousie en vos cœurs
Jamais ne trouve de passage ;
La paix, la gaîté, le bonheur
Régneront dans votre ménage.

Si quelquefois sur vos amours
Il s'élève quelque nuage ,

Songez, songez que les beaux jours
Ne sont pas exempts de l'orage.
Sans user des droits du plus fort,
Que l'époux cède avec courage.
L'Amour vous remettant d'accord,
Vous serez heureux en ménage.

UNE FEMME A SON MARI.

AIR : *Comme j'aime mon Hyppolite.*

Mon ami, je ne puis chanter
Tout ce qu'un jour si beau m'inspire ;
Mais ta fille, pour te fêter,
Se pare d'un nouveau sourire.
Ton fils tressaille de plaisir,
Ses caresses semblent plus vives,
Et pour bouquet je viens t'offrir
Les tendres fleurs que tu cultives.

SANS QU'ON Y PENSE.

AIR : *Conservez bien la paix du cœur.*

LES plaisirs, les jeux innocens
Sont le partage de l'enfance :
Les soupirs, les désirs naissans
Occupent notre adolescence ;
Bientôt on aime avec transport,
Le cœur n'a plus d'indifférence :
Puis l'Hymen changeant notre sort,
Le bonheur vient *sans qu'on y pense.*

Vivre en paix, vivre pour s'aimer,
A ses sermens être fidèle,
Loin de l'objet qui sut charmer,
N'avoir jamais d'amours nouvelles,
Pour vivre heureux c'est le secret.
Mais, si vous aimez l'inconstance,
Chez vous, en fixant le regret,
Le malheur vient *sans qu'on y pense.*

L'Hymen prodigue ses faveurs
Aux époux qu'unit la tendresse ;

Un avenir semé de fleurs
Est le bien qu'Amitié leur laisse.
Les ans s'éclipsent comme un jour,
Et pour doubler leur jouissance,
Les fruits précieux de l'amour
Viennent enfin *sans qu'on y pense.*

EPITHALAME.

A DE JEUNES ÉPOUX.

AIR : *Le vin, le jeu, les femmes.*

Qu'il est aimable ce lien,
Sûr garant d'un bonheur durable !
Combien un sage et tendre Hymen
A l'Amour seul est préférable !
Lorsque d'inutiles regrets
Sont le prix de son imprudence,
Deux époux savourent en paix
Le calme heureux de l'innocence. }*bis.*

L'Amour irrite les désirs,
Il cherche l'ombre du mystère ;

L'Hymen donne de vrais plaisirs,
Et ne force point à les taire.
Que ton flambeau, dieu trop malin,
Cède à celui de l'Hyménée !
L'un n'est que l'astre du matin, ⎰
L'autre luit toute la journée. ⎱ *bis.*

Puissiez-vous, époux fortunés,
Jouir long-temps de votre ivresse !
Suivre, de myrte couronnés,
Le cours brillant de la jeunesse ;
Et, sur le déclin de vos ans,
(Digne prix de votre tendresse !)
Trouver auprès de vos enfans ⎰
L'appui d'une heureuse vieillesse. ⎱ *bis.*

UN ÉPOUX A SA FEMME,

LE JOUR DU MARIAGE.

Air : *Te bien aimer, ô ma chère Zélie !*

C'est de l'hymen que j'obtiens mon Adèle;
C'est à l'Amour que j'aurai dû son cœur.
Je l'adorais, et j'étais aimé d'elle;
Mais sans l'hymen je perdais le bonheur.

Oui, tu viendras, ô toi qui m'es si chère?
Unir bientôt, sur mon front radieux,
Au nom d'époux, le doux titre de père :
Qu'aurai-je alors à demander aux dieux ?

Sur leurs autels j'ai juré, mon amie,
De t'adorer jusqu'à mon dernier jour;
Et pour garans du serment qui me lie,
J'ai tes vertus, mon cœur et ton amour.

M. Félix.

~~~~~~

ANNIVERSAIRE

A D'HEUREUX ÉPOUX.

AIR : *L'amour aura soin de t'instruire.*

L'HYMEN et la froide Sagesse,
Le Plaisir et le tendre Amour,
Las de se quereller sans cesse,
Ensemble voyageaient un jour.
La troupe heureuse et fortunée
Se livrait au plus doux transport!
Hélas! une seule journée
Vit naître et mourir eet accord.

L'Amour, qu'effrayait la Sagesse,
Et qu'Hymen endormait par fois,
L'Amour les trahit et les laisse
Endormis au milieu d'un bois.
Et l'Hymen, depuis cette fuite,
Dans les bois fixant son séjour,
Traînant les Regrets à sa suite,
Marchait sans Plaisir, sans Amour.

2*

De cette mésintelligence
L'Olympe, lassé de gémir ;
Vous vit et conçut l'espérance
De pouvoir mieux les réunir.
Afin de pouvoir, sans obstacle ;
Opérer selon leur désir
Ce double et séduisant miracle,
Les dieux pouvaient-ils mieux choisir ?

Couple intéressant et fidèle,
Digne du sort le plus heureux,
De la vertu, rare modèle,
C'est l'Amour qui forma vos nœuds:
Grâce à votre aimable tendresse,
On voit réunis en ce jour
Et le Plaisir et la Sagesse,
Et l'Hymen et le tendre Amour.

—

~~~~~~

POUR UN MARIAGE.

AIR : *L'Amour aura soin de t'instruire.*

Sous les lois d'un doux hyménée,
Vous qui venez d'unir vos jours ;
De votre chaîne fortunée,
Ah ! sachez prolonger le cours :
Que la volupté soit l'idole
De vos cœurs brûlans de désirs :
Oubliez le temps qui s'envole,
Pour n'enchaîner que les plaisirs.

Sous le voile de la tendresse
Le Temps cache un bras destructeur ;
Sent-on le poids de la vieillesse
Lorsque l'on vit pour le bonheur ?
Une épouse aimante et chérie,
De jolis, d'aimables enfans,
Savent, dans l'hiver de la vie,
Ramener le printemps.

Il est un bonheur en ce monde,
Ignoré de l'humanité,

Sa base est l'amour qui se fonde
Sur l'estime et la loyauté.
Consacrez votre vie entière
A ce bonheur pur et caché,
Et répétez avec le lierre :
« Je meurs où je suis attaché. »

Couple intéressant et fidèle,
N'oubliez jamais vos sermens ;
De constance offrez un modèle,
Époux, soyez toujours amans.
Que la jalousie et ses peines
Ne viennent point troubler vos cœurs.
L'Hymen vous a donné des chaînes ;
Que l'Amour les couvre de fleurs !

~~~~~~

LA SYMPATHIE,

OU MES COUPLETS DE NOCE.

AIR : *J'étais bon chasseur autrefois.*

MOI.

CENT fois on me peignit l'hymen
Comme un plaisir mêlé de peines,
Comme un beau jour sans lendemain,
Comme une insupportable chaîne.
Lors, je dus m'imposer la loi
De vivre en vrai célibataire ;
L'amour me guida près de toi,
J'aimai, je désirai te plaire.

SOPHIE.

On me peignit l'homme trompeur,
Abusant de notre faiblesse ;
Lors, je défendis à mon cœur
De se livrer à la tendresse.

Mais, chaque jour je m'aperçois
Que je dois changer de système,
Puisque j'éprouve auprès de toi,
Le besoin d'aimer... et que j'aime.

MOI.

Bien loin de redouter les nœuds
Qu'un instant fortuné resserre,
Je leur devrai mes jours heureux,
Les titres d'époux et de père ;
Nos cœurs, respectant leurs sermens,
Sont à jamais exempts d'alarmes ;
Tes vertus, voilà mes garans ;
Les tiens sont placés dans tes charmes.

SOPHIE.

Comme toi, je rêve au bonheur
Que nous promet notre hyménée;
Je crois, par un lien de fleurs,
Unir à toi ma destinée.
Pour ton cœur désormais,
Suivant ma plus douce espérance,
S'il faut ne t'oublier jamais,
Je puis jurer de ma constance.

SOPHIE ET MOI.

Bons parens, fidèles amis,
Qui partagez notre allégresse,
Qu'en ce jour il nous soit permis
De vous prouver notre tendresse!
A vous notre sort est lié,
Et l'avenir est plein de charmes!
Quand il s'unit à l'amitié,
L'amour est toujours sans alarmes.

M. P. J. CHARRIN.

A UNE COUSINE,

LE JOUR DE SON MARIAGE.

AIR : *L'Amour ainsi qu' la Nature.*
(de Fanchon).

Ces couplets faits à la hâte
N'auront-ils rien qui te flatte,
Cousine ? c'est moins l'esprit
Que le cœur qui les écrit :

A ce titre, je suis sûre
Que ma chanson te plaira ;
Car l'Amour et la Nature
Aiment ces impromptus-là. (*bis*)

Nous verrons dans ton ménage,
Aux fleurs que sur son passage
Va faire éclore l'Amour,
Des fruits s'unir à leur tour ;
Et cette richesse sûre
Tous les ans s'augmentera ;
Car l'Amour et la Nature
Aiment ces récoltes-là. (*bis*)

De la chaîne qui vous lie,
Que tous les jours de la vie
Vous rappellent les plaisirs,
Et rallument vos désirs.
Leur image douce et pure
Un jour vous rajeunira ;
Car l'Amour et la Nature
Aiment ces souvenirs-là. (*bis*)

De la gaîté qui m'inspire,
Partageant l'heureux délire,
A la santé des époux
Buvons, amis, buvons tous.

Ma tête qui n'est pas sûre
Peut-être s'étourdira ;
Mais l'Amour et la Nature
Aiment cette ivresse-là. (*bis*)

~~~~~~

UNE MARIÉE,

LE JOUR DE SON MARIAGE.

AIR : *De la petite Nanette.*

Mon embarras, en ce moment,
Vous découvre un tendre mystère ;
Car je voudrais également
Fêter mon époux et sa mère.
Dans mon cœur, chacun tour à tour,
Se dispute la préférence :
Pour l'un, je chanterai l'amour,
Pour l'autre, la reconnaissance.

—

POUR UNE DAME,

LE LENDEMAIN DE SON MARIAGE.

Air connu.

QUE vois-je! Est-ce un enchantement,
Lise, quelle métamorphose!
Mais, de plus près, en t'observant,
Je crois en deviner la cause :
Hier encor, de tes seuls attraits,
Lise, tu paraissais ornée :
Aujourd'hui, je vois dans tes traits
La majesté de l'hyménée.

Malgré cette noble fierté,
Je démêle sur ton visage,
Au travers de ta dignité,
Une rougeur d'heureux présage.
De couleurs un tendre surcroît
Sied à la fleur qui vient d'éclore,
Et quelque belle que l'on soit,
Le plaisir embellit encore.

Que ce vernis de volupté
N'alarme point ton innocence ;
De ton âme la pureté
T'environne et prend ta défense :
Le lys, miroir de la pudeur,
Si dans un bouquet on pose,
Sans rien perdre de sa blancheur,
S'anime des feux de la rose.

POUR UN MARIAGE.

Air : *Avec les jeux dans le village.*

Du mariage, belle Rose,
Tu vas subir les douces lois ;
L'amour, qui de ton cœur dispose,
Sourit, applaudit à ton choix.
Que de plaisirs l'Hymen t'apprête !
Que je suis tendrement ému !
Je crois voir, en ce jour de fête,
L'Amour s'unir à la Vertu.

~~~~~~~~~~~~~~~~~~~~~~~~~~~~~~~~~~~~~~

LE LENDEMAIN DE NOCE.

AIR : *Chansons, chansons.*

L'HEUREUX ami, dont l'allégresse,
Dont la paternelle tendresse,
    Nous met en train ;
Commande à nos chants d'hyménée
D'annoncer la grande journée
    Du lendemain.

J'aime le vin, la bonne chère ;
J'aime de la chanson légère
    Le gai refrain ;
Mais j'eusse, à l'éclat d'une fête,
Préféré le doux tête-à-tête
    Du lendemain.

Hier, éblouissante et parée,
On a vu Nanine adorée
    Du genre humain.
Je t'aime aujourd'hui davantage
Bien qu'on lise sur ton visage,
    Le lendemain.

Sur l'autel, la jeune épousée
Laissait, timide et composée,
  Tomber sa main.
Voyez, tudieu, comme elle cause!
Honneur à la métamorphose
  Du lendemain.

Respectant sa pudeur novice
D'un convive, hier, la malice
  Mordait son frein :
La troupe, en ce beau jour plus folle,
Se pardonne la gaudriolle
  Du lendemain.

Un nouvel amour vient Nanine,
De ton cortége à la sourdine,
  Grossir l'essaim.
Amis, qu'on remplisse mon verre,
Buvons tous au petit compère
  Du lendemain.

Ainsi disait mon vers facile,
Chéri dans un aimable asile
  De longue main;
Sur la cornemuse, un satyre

Répétait, avec un gros rire,
    Le lendemain.

Vieillards, qu'Amour encore exauce,
Gagnez, avec un cœur de noce,
    Le lit d'hymen ;
Et que le nectar de nos fêtes
Vous donne à tous tant que vous êtes,
    Un lendemain.

M. Th. Taenné.

~~~~~~

LES BIENFAITS DU MARIAGE.

AIR : *J'ai vu lisant l'histoire ancienne,*

MORTEL, de qui le cœur superbe
Fut toujours de lui seul épris,
Vois ce chêne étendu sur l'herbe
Joncher le sol de ses débris.
Pourquoi, victime de l'orage,
Sous les vents a-t-il succombé ?
Dans la plaine, en butte à leur rage,
Il était seul.... il est tombé.

Cependant et l'arbre et l'arbuste,
Le jeune et l'antique cyprès,
Et le sapin frêle et robuste,
Restent debout dans nos forêts.
En vain la cruelle tempête
Sur eux déchaîne ses fureurs,
Et balance, en grondant, leurs têtes.
Ils sont unis.... ils sont vainqueurs.

Pour rompre la ligne ennemie
Tous leurs bras sont entrelacés ;

Et , contre leur masse affermie ,
Les fiers autans se sont lassés.
Si, des ans éprouvant l'outrage ,
Quelqu'un d'eux languit effeuillé ,
Les plus jeunes de leur ombrage
Couronnent son front dépouillé.

O tendres époux ! tel est l'emblême
Des cœurs l'un à l'autre liés.
La force et le bonheur suprême
Sont dans le nœud qu'ils ont formé.
Malheur à l'être qui s'isole ;
Chancelant, il n'a point d'appui :
Affligé , rien ne le console ;
Personne ne pleure avec lui.

~~~~~~

POUR
LE MARIAGE D'UN COLONEL,
APRÈS LA PAIX.

AIR : *Versez donc, mes amis, versez.*

Si la gloire anime un Français
Sous les étendards de Bellone,
C'est que pour prix de ses succès,
L'Amour lui garde une couronne :
A la paix, un brave guerrier
Doit unir le myrte au laurier.

J'admire les faisceaux heureux
Qui d'un vainqueur prouvent la gloire ;
Mais je préfère les doux nœuds,
Symboles d'une autre victoire :
A la paix, un brave guerrier
Doit unir le myrte au laurier.

De Mars les exploits sont connus ;
Il aurait eu moins de vaillance,
Si dans les baisers de Vénus,
Il n'eût trouvé sa récompense :

A la paix, un brave guerrier
. Doit unir le myrte au laurier.

Le vainqueur le plus redouté
Peut soumettre tout à la ronde;
Il doit céder à la beauté,
Seul et digne vainqueur du monde.
A la paix, un brave guerrier
Doit unir le myrte au laurier.

Amis, célébrons ce beau jour;
Un colonel ivre de gloire,
En suivant Bellone et l'Amour,
Remporte une double victoire;
Il nous prouve qu'un vrai guerrier
Sait unir le myrte au laurier.

———

~~~~~~

ORIGINE DE L'HYMÉNÉE.

AIR : *J'ai vu partout dans mes voyages.*

Dès que l'homme vit la lumière,
Il courut après le bonheur ;
Le besoin d'aimer et de plaire
Vint agiter son tendre cœur.
Il trouve une beauté piquante ;
Ses yeux promettent le plaisir ;
Mais bientôt leur flamme brûlante
Disparaît avec le plaisir.

Tandis qu'en vain il se tourmente,
L'amitié vient le consoler ;
Sa douceur lui plaît et l'enchante,
Mais l'ennui ne peut s'envoler.
Pour alléger sa destinée,
Et fixer son cœur inconstant,
Les dieux créèrent l'hyménée,
Et l'homme parut plus content.

Mais la triste monotonie
Lui donna de nouveaux désirs ;

Et bientôt, loin de son amie,
Il chercha de nouveaux plaisirs.
Ainsi, du bonheur de la vie,
Pour ne pas troubler la saison,
Donnons l'amour à la folie,
Gardons l'hymen pour la raison.

L'ÉCOLIER A LA NOCE.

AIR : *Au sein d'une fleur tour à tour.*

DANS les pages d'un rudiment,
Qui n'offre pas toujours des roses,
On s'instruit beaucoup, et pourtant
On ignore encore bien des choses.
Par exemple, j'apprends ici,
Ce qu'on n'apprend point dans mes classes.
Qu'on peut donner à son mari
En une seule, les trois Grâces.

CHANSON ÉPITHALAME.

AIR : *Souvenez-vous-en.*

CHERS amis, jeunes époux,
Ma chanson s'adresse à vous.
Je ne suis pas courtisan,
    Souvenez-vous-en ;
Mais vos plaisirs, vos amours
À mon cœur plairont toujours.

L'Hymen enfin, mes amis,
A son joug vous a soumis ;
Ce n'est pas un joug pesant,
    Souvenez-vous-en,
Lorsque la main des amours
De fleurs le couvre toujours.

L'Hymen prescrit un devoir
Dont se souvient chaque soir
Le roi comme l'artisan,
    Souvenez-vous-en,
Et, guidés par les amours,
Souvenez-vous-en toujours.

Vous voilà fiers d'être deux!
C'est un nombre fort heureux.....
Mais il n'est pas suffisant,
  Souvenez-vous-en,
Invoquez bien les amours,
Pour n'être pas deux toujours.

Nous espérons, en ces lieux,
Vous voir dispos et joyeux,
Dans trente ans, comme à présent,
  Souvenez-vous-en,
Que l'amitié, les amours
Vous y ramènent toujours.

COUPLET DE NOCE.

AIR : *Rions, chantons, aimons, buvons.*

Dès ce soir, aimables époux,
Invoquez Vénus à votre aide;
Contre le céleste courroux
L'Amour vous indique un remède.
Pour conserver le genre humain
En vous deux notre espoir se fonde;
Travaillez donc soir et matin
A reculer la fin du monde.

COUPLETS POUR UN MARIAGE.

AIR : *O ma tendre musette!*

Ici-bas chacun fronde
Le petit dieu d'amour,
Qui veut régir le monde,
Quoique privé du jour.
L'aveugle de Cythère
Vous assemble tous deux :
Ah! pourrait-il mieux faire
S'il avait de bons yeux.

Epouse sage et belle,
Aimable et bon mari,
Même droit vous appelle
Dans un lien chéri.
Vous joignez l'assemblage
Des dons les plus brillans,
Aux grâces du jeune âge,
Aux vertus du vieux temps.

Un sort toujours prospère
Doit couronner vos feux ;

L'art d'aimer et de plaire
Est celui d'être heureux.
Croyez à mon présage ;
Et l'esprit et le cœur
Chez vous offrent un gage
Du plus parfait bonheur.

A UNE SŒUR,

LE JOUR DE SON MARIAGE.

AIR : *C'est à mon maître en l'art de plaire.*

MA chère sœur, une autre vie
Pour toi commence dès ce jour ;
L'heureuse chaîne qui te lie
Fixe ton destin sans retour.
J'en ai pour moi l'expérience,
L'hymen est un lien bien doux :
Du bonheur on a l'espérance ;
On le trouve dans son époux.

~~~~~~

POUR LE MARIAGE D'UNE AMIE.

AIR : *A voyager passant sa vie.*

AMITIÉ, pour peindre une amie,
J'emprunte aujourd'hui tes couleurs;
Par sa vertu même embellie
Elle captive tous les cœurs.
A la raison, à la folie
Elle sait prêter mille appas;
Elle est bonne, aimable et jolie,
Son mari ne s'en plaindra pas.

Parlerai-je de son sourire
Et de son aimable candeur!
Amour, lorsqu'il veut nous séduire,
N'offre rien de plus enchanteur.
Son cœur formé par la tendresse,
D'hymen seul goûte les appas;
Il est guidé par la sagesse,
Son mari ne s'en plaindra pas.

De sa figure si jolie
Les Grâces ont fourni les traits;

4 *

Mais vous que l'amitié convie,
Défiez-vous de ses attraits.
Tendre amante, épouse fidelle,
L'Hymen pour elle a mille appas ;
L'Amour la traite de cruelle,
Son mari ne s'en plaindra pas.

LA FILLE A MARIER.

AIR : *Quand on ne dort pas de la nuit.*

FORMER les grâces, les talens,
Avant qu'elle n'entre en ménage,
C'est là le devoir des mamans ;
Pour l'esprit il est toujours temps
Qu'il vienne après le mariage ;
Tout ne doit pas être accompli
Dans une fille qui veut plaire ;
Ne faut-il pas que son mari
Trouve encor quelque chose à faire ?

LA FIN DU MONDE.

COUPLETS DE NOCES.

Air : *Boira qui voudra, larirette.*

On parle de la fin du monde ;
Pourquoi s'en épouvanter ?
Moi, v'là sur quoi je m' fonde,
Pour ne point la redouter ;
C'est que l'monde ira, larirette,
Tant qu'on s' marira, larira.
　　Tant qu'on s' mariera,
　　　L'on s'aimera ;
　　　　C' amour-là
　　　　Peuplera
　　　　Not' planète ;
Et le monde ira, larirette,
Tant qu'on s' marira, larira.

Par le penchant qui l'attire,
La vigne s'unit à l'ormeau ;
Ne semblent-ils pas vous dire
D' suivre un exemple si beau ?

Et que l' monde ira , larirette ,
Tant qu'on se mariera , larira.

Quand, d'un air mélancolique,
J'vois soupirer un tendron ,
Je lui dis : pour spécifique ,
Epousez un franc luron ;
Et le monde ira , larirette,
Tant qu'on s' mariera , larira , etc.

Si les disputes et les guerres
Ont dépeuplé not' pays ;
De tous les célibataires
Faisons autant de maris ;
Et le monde ira , larirette ,
Tant qu'on se mariera , larira.

Grâce à certain' loi que j'aime ,
Plus de divorce entre époux ;
Aussi les extraits de baptême
Vont bientôt pleuvoir chez nous ;
Et le monde ira , larirette ,
Tant qu'on s' mariera , larira.

ÉPITHALAME.

AIR : *Ce fut par la faute du sort.*

Au vrai bonheur pour parvenir,
S'il faut de la persévérance,
Combien tu dois t'en applaudir,
Ton bonheur vient de ta constance,
Oui, tu l'éprouves dans ce jour,
Que, pour affermir leur puissance,
L'hymen a besoin de l'amour,
L'amour a besoin de constance.

Pour nous va finir ce beau jour,
Pour toi le vrai bonheur commence ;
Combien il tarde à ton amour
D'en juger par expérience !
Ah ! puisse hymen comblant tes vœux
Au gré de ton âme ravie,
Faire à ce jour délicieux
Ressembler tous ceux de ta vie !

~~~~~~

ROMANCE.

Air connu.

Il faut des époux assortis
Dans les liens du mariage ;
Vieilles femmes , jeunes maris
Feront toujours mauvais ménage.
On ne voit point le papillon
Sur la fleur qui se décolore ;
Rose qui meurt , cède au bouton
Les baisers de l'amant de Flore.

Ce lien peut être plus doux
Pour un vieillard qu'Amour enflamme?
On voit souvent un vieil époux
Être aimé d'une jeune femme.
L'homme à sa dernière saison ,
Par mille dons peut plaire encore ,
Ne savons-nous pas que Titon
Rajeunit auprès de l'Aurore ?

Aux époux unis par le cœur
Le temps fait blessure légère ;

On a toujours de la fraîcheur
Quand on a le secret de plaire.
Rose qui séduit le matin,
Le soir peut être belle encore;
L'astre du jour à son déclin
A souvent l'éclat de l'aurore.

L'HYMEN ET L'AMOUR.

AIR : *Jeunes amans cueillez des fleurs.*

CONTEMPLEZ la douce union
Qui règne entre ces dieux en France :
L'un n'a plus d'indiscrétion,
L'autre n'a plus de méfiance ;
Ils savent s'obliger tous deux,
Et par des coutumes nouvelles,
Amour d'Hymen ferme les yeux !
Hymen d'Amour coupe les aîles.

~~~~~~

A UN AMI,

SUR SON MARIAGE.

AIR : *Té bien aimer, ô ma chère Zélie.*

ENFIN l'hymen t'engage dans ses chaînes,
Le tendre amour a comblé tous tes vœux :
L'objet charmant qui fit jadis tes peines,
A ressenti la douceur de ces nœuds.

O mon ami, goûte en paix tous les charmes
De l'union qui comble tes désirs !
Vit sans chagrin ; que jamais les alarmes
De ton hymen ne trouble les plaisirs.

Fais le bonheur de celle qui t'est chère ;
Ton cœur le doit, mais ne sois pas jaloux.
Ce vice affreux, si commun sur la terre,
Fait le tourment des amans, des époux.

Sur un soupçon, ou faux, ou peu croyable,
L'on se permet d'outrager la beauté ;
L'épouse peut le rendre véritable,
Pour nous punir de l'avoir inventé.

LE JARDIN DE L'HYMEN.

CHANSON DE NOCE.

Air du tonnelier.

Un jardinier frais et dispos
Qui veut songer au mariage,
Doit renoncer à tout repos,
Et travailler avec courage.
Pour l'avertir de son devoir,
L'amour lui chante chaque soir :
Travaillez, travaillez, bon jardinier,
L'amour vous fait son ouvrier.

Ne laissez pas votre jardin
Un seul instant rester en friche ;
De bien défoncer le terrain
Gardez-vous d'être jamais chiche ;
Il faut le soir et le matin,
Vous montrer la bêche à la main ;
Travaillez, etc.

Si de la lune, en son croissant,
Vous craignez la triste influence,

5

De peur d'un fâcheux accident,
N'épargnez ni plan ni semence ;
Jamais le croissant n'a fait peur
A jardinier bon travailleur.
Travaillez, etc.

Mais quelque soit votre terrain,
Voulez-vous que tout y prospère ?
Ayez surtout, ayez grand soin
De bien humecter votre terre ;
Chaque matin et chaque soir,
Faites donc jouer l'arrosoir ;
Travaillez, etc.

Vous pouvez, en toute saison,
Greffer, sans tromper votre attente
Mais n'employez pas l'écusson ;
Il vaut bien mieux greffer en fente.
Croyez-moi cette greffe-là
En peu de mois fructifiera.
Travaillez, travaillez, bon jardinier,
L'Amour vous fait son ouvrier.

COUPLETS

D'UNE JEUNE MARIÉE A SES AMIES.

AIR : *Il faut quitter ce que j'adore.*

BIEN souvent l'austère vieillesse
A déclamé contre l'Amour,
Contre l'amitié, la jeunesse
Bien souvent déclame à son tour.
Mais pourquoi donc cette folie ?
Pourquoi n'être heureux qu'à moitié,
Lorsqu'on peut partager sa vie
ntre l'Amour et l'Amitié.

L'Amitié charma mon enfance,
Elle fait encor mon bonheur.
L'Amour parut, et sa présence
D'un nouveau feu brûla mon cœur.
Mais ce dieu que rien n'embarrasse,
Partageant mon cœur par moitié,
Sans combattre, y prit une place,
Et laissa l'autre à l'Amitié.

Vous, mes compagnes, mes amies,
Pardonnez ce vol à l'Amour;
A ces douces lois si chéries
Vous céderez à votre tour;
Alors imitez-moi de grâce,
Ne m'imitez pas à moitié;
A l'Amour donnez une place,
Mais gardez l'autre à l'Amitié.

A DEUX ÉPOUX,

LE JOUR DE LEUR MARIAGE.

AIR : *Quand l'Amour naquit à Cythère*

EXEMPS de soucis et de peine,
Vivez, aimez, tendres époux;
Contre le nœud qui vous enchaîne
Laissez gloser sots et jaloux.
La vie est belle et fortunée;
On est heureux la nuit.... le jour,
Quand le flambeau de l'hyménée
S'allume à celui de l'Amour.

~~~~~~

A DEUX JEUNES MARIÉS.

AIR : *Pégase est un cheval qui porte.*

On sait que la Mythologie
Au dieu d'Amour donne un bandeau,
S'il est aveugle, je vous prie,
Pourquoi porte-t-il un flambeau ?
Souvent la fable ingénieuse
Semble martyriser ses dieux ;
La fiction n'est pas heureuse,
Car l'Amour a de très-bons yeux.

Esprit, beauté, grâces, finesse,
Voilà le portrait enchanteur
De l'amant et de la maîtresse
Dont l'amour fera le bonheur.
Homme aimable, femme jolie,
En unissant ce couple heureux,
Chacun dira, je le parie,
Que l'Amour a de très-bons yeux.

5 *

A UN MILITAIRE,

LE JOUR DE SON MARIAGE.

AIR : *Avec vous sous le même toit.*

Naguère au milieu des combats
Vous serviez le dieu de la gloire ;
Lui-même il conduisit vos pas
Sous les drapeaux de la victoire.
Le dieu d'amour obtient son tour,
A vous couronner il s'apprête,
Et vous daterez de ce jour
Votre plus brillante conquête.

Vous trouvez dans votre moitié
Des vertus le rare assemblage ;
Pour prix de sa tendre amitié
Vous devez l'aimer sans partage.
L'Hymen sourit de son côté,
A ce choix dont vous êtes digne ;
Car vous prenez *fidélité*
Et pour *mot d'ordre* et pour *consigne*

Guidé par cette noble ardeur,
Qui jamais ne se fait attendre,
On vous vit au poste d'honneur
Toujours empressé de vous rendre.
Il en sera de même ici,
Et plus encor, je le parie,
Vous serez exact à celui
Qu'Amour aujourd'hui vous confie.

L'homme ici-bas marche à son gré ;
Mais chez le militaire en France,
Je sais qu'au pas *accéléré*
On accorde la préférence.
Cependant, de faveurs comblé,
(Observez ma leçon discrète)
N'allez point au pas *redoublé*,
Pour battre trop vîte en retraite.

Jeunes amans, tendres époux,
Malgré le sujet qui m'inspire,
Il est bien temps, qu'en pensez-vous ?
De laisser reposer ma lyre.
Autour de moi chacun se dit :
Partons, sans que l'on nous retienne,
Quand d'Hymen la fête finit,
Amour veut commencer la sienne.

ÉPITHALAME.

Air du petit mot pour rire.

QUAND chacun chante sa chanson,
Et qu'on fait de cette maison
    Le temple du délire,
La gaîté m'inspire un couplet,
Daignez écouter, s'il vous plaît,
    Mon petit mot pour rire.

Un prêtre, un *oui*, trois mots latins,
Viennent d'enchaîner vos destins,
    Qu'à votre sort j'aspire !
Pour vous s'est levé le beau jour
Où l'Hymen permet à l'Amour
    Le petit mot pour rire.

Je n'ai plus, ô tendre Zulma !
Qu'à faire un vœu qui part de là ;
    Ah ! daignez y souscrire !
Que dans neuf mois gentil poupon
Nous montre à quoi souvent est bon
    Le petit mot pour rire.

A UNE JEUNE MARIÉE

QUI DOIT QUITTER LE PAYS.

AIR : *Je l'ai planté.*

Tu quittes ta chère patrie,
Mais c'est pour suivre un tendre époux:
Qu'importe où s'écoule la vie,
Lorsque l'Amour est avec nous!

Des jeux de ta paisible enfance
Rappelle souvent les plaisirs.
Le souvenir de l'innocence
Est le plus doux des souvenirs.

Donne à l'Amour sa récompense ;
Donne à l'Hymen tes plus beaux jours:
L'Amitié perdra ta présence ;
Mais ses vœux te suivront toujours.

Son doux lien reste en nous-même ;
Non, l'absence n'est qu'une erreur:
On ne quitte pas ceux qu'on aime ;
On les emporte dans son cœur.

L'HOMME ET LA FEMME.

Air connu.

L'AMOUR est un dieu volage,
Il nous trompe en badinant,
Il nous pince en caressant;
Pour guérir de c'mal cuisant
N' faut qu' patience et courage :
D'abandonner c' bel enfant
Bien fou qui fait le serment!
    Haïr est une folie,
      Aimer voilà le vrai bien,
      Non, non, jamais dans la vie
      Il ne faut jurer de rien.

Quand Dieu, pour peupler la terre,
L'homme et la femme créa,
Pour s'aimer il les forma,
Et depuis ce moment-là,
L'un à l'autre est nécessaire.
Sans nous, Messieurs, qu' seriez-vous?
Sans vous aussi qu' serions-nous?
    Haïr est une folie, etc.

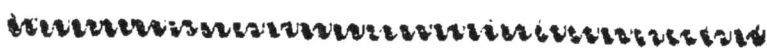

LA MARIÉE DE TRENTE ANS.

AIR : *J'étais bon chasseur autrefois.*

VOYEZ sur sa tige, au printemps,
S'entr'ouvrir la rose naissante,
Eclat, parfum, tout dans nos sens
Porte un charme qui les enchante.
Telle est la modeste beauté
Ayant ses quinze ans pour parure,
Quand chez l'Hymen, la Volupté
Va lui dénouer sa ceinture.

Accourez papillons, zéphirs,
A vos vœux rendez-la docile ;
Vous cherchez l'éclair des plaisirs,
Moi, je veux un bien moins fragile.
Femme à quinze ans est un enfant
Léger, badin, plein de malice ;
Par convenance elle vous prend,
Elle vous quitte par caprice.

Mais à trente elle sait prouver
Que l'on peut aimer sans réserve,

Moins certaine de retrouver,
Avec plus d'art elle conserve.
Comme son cœur prévient nos goûts!
Comme sa main sèche nos larmes!
Les tendres soins qu'elle a pour nous
Semblent encor doubler ses charmes.

L'ANNIVERSAIRE

D'UN MARIAGE DE TRENTE ANS.

AIR : *L'hymen est un lien charmant.*

DE l'hymen les nœuds sont charmans,
Et s'il rend heureux la jeunesse,
A tous les cœurs pleins de tendresse
Il offre encor de doux momens.
Peut-on, au sein du mariage,
Goûter plus de félicité;
Quand depuis trente ans, sans nuage,
Dans ce charmant pélérinage,
L'Amour et la Fidélité;
Ont toujours été du voyage?

EPITHALAME.

Air : *Prenons d'abord l'air bien méchant.*

Le plus heureux de tous nos jours,
C'est le jour du doux mariage,
Il est la fête des amours,
Et ses plaisirs sont sans nuage.
Voyez de ce fidèle amant
Le cœur épris l'âme charmée,
Annoncer que voilà l'instant
Qui l'unit à sa bien-aimée.

Enchanteresse émotion,
Trouble inquiet, désir timide,
Vous décélez la passion
D'un cœur où la vertu réside ;
Mais ne cachez plus vos ardeurs ;
Pudeur n'en peut être alarmée ;
L'Hymen ici couvre de fleurs
L'époux près de sa bien-aimée.

Jouissez de la volupté ;
Trop courts sont les momens d'ivresse ;

Mais une autre félicité
S'éternise avec la tendresse.
Par douces mœurs gaîté d'esprit ,
Et prévenance bien placée ,
De l'époux que son cœur chérit
Femme est toujours la bien-aimée.

Nouvelle source de bonheur ,
Au sein d'un fortuné ménage ;
Est de serrer contre son cœur
De l'amour le précieux gage.
Auprès d'une jeune maman
La tendresse est plus animée ;
Puisse, dans neuf mois , notre amant ,
Voir renaître sa bien aimée.

LE JEUNE ÉPOUX A SA FEMME.

AIR : *Je t'aime tant.*

Au plaisir donnons tout ce jour ;
Aimons, embrassons-nous sans cesse,
Songe bien que chez nous l'amour
Ne doit mourir que de vieillesse.
Oh ! oui, tu me rendras heureux,
Car je t'aime plus que la vie,
Et je ne forme plus de vœux,
Si j'ai ma femme pour amie.

Par fois si de légers débats,
Venaient troubler notre ménage,
De mon cœur je proteste, hélas !
Qu'ils ne seront jamais l'ouvrage.
Je voudrais n'avoir à t'offrir
Que ce qui te plaît dans la vie.
Rien au monde ne fait souffrir
Comme d'affliger son amie.

De mille vertus, pour charmer,
Je te vois brillante et parée,

Ah! si tu cessais de m'aimer,
Mon âme en serait déchirée.
Ensemble, au pays des amours
Voyageons toute notre vie ;
Heureux celui qui peut toujours
Avoir sa femme pour amie !

A UNE JEUNE ÉPOUSE.

Air : *Avec vous sous le même toit.*

Tu n'es encor qu'un bouton,
Bientôt tu seras une rose ;
Bientôt nous verrons un bouton
Germer dans le sein de la rose.
En se formant, petit bouton,
Fera pâlir un peu la rose,
Jusqu'au moment où ce bouton
Sortira du sein de la rose.

EPITHALAME DE CAMPAGNE.

AIR : *Pégase est un cheval qui porte.*

ENFIN la voilà donc ta femme !
Mon cher ami, fais son bonheur ;
Mais surtout défends bien ton âme
De la plus légère froideur.
Soit à la ville, à la campagne,
L'Amour constant sait nous charmer ;
Pour être aimé de sa compagne,
Le vrai moyen, c'est de l'aimer.

Combien mon cœur jouit d'avance !
Je crois déjà voir vos enfans ;
Leurs jeux, leur aimable innocence
Embelliront mes derniers ans.
Le bonheur n'est qu'à la campagne :
Sans art, l'amour y sait charmer ;
Et pour y plaire à sa compagne,
Le vrai moyen c'est de l'aimer.

6 *

EPITHALAME.

Air de Marianne.

Cypris conservait à Cythère
La fleur la plus chère à l'amour ;
Par une faveur singulière,
Ce dieu te la donne en ce jour.
O jeune époux !
D'un don si doux
Conçois le prix et toute l'importance ;
Sur tous les points,
Par mille soins,
Sache toujours prévenir ses besoins ;
Il faut qu'avec soin tu l'arroses,
Comme fait tout bon jardinier ;
Car d'un aussi charmant rosier
Nous voulons voir des roses.

Si notre vie est un passage,
Le faire seul est ennuyeux ;
L'Amour soutient notre courage,
Lorsque sur la route on est deux ;
Sans se lasser,
Sans y penser,

On voit le but, sans crainte on l'envisage,
    Toujours amans,
    Peines, tourmens,
Bien partagés, deviennent moins cuisans;
  Du chemin, si l'amour volage
  Ne veut faire que la moitié,
  Ah! que l'estime et l'amitié
    Terminent le voyage.

  Heureux époux, que l'Hyménée
  Unisse pour long-temps vos cœurs,
  Et que sa chaîne fortunée
  Ne vous entoure que de fleurs !
    Toujours contens,
    Toujours aimans;
Goûtez en paix les douceurs du ménage;
    Et vos parens,
    Heureux enfans,
Verront par vous renaître leurs printems;
  Que jamais le moindre nuage
  Ne trouble des destins si doux !
  Tels sont les vœux formés pour vous,
    A votre mariage.

LE VOYAGE A CYTHÈRE.

CHANSON DE NOCES.

AIR : *Jeunes amans, cueillez des fleurs.*

PARTEZ, partez , heureux amans ,
Pour l'île aimable de Cythère ;
Que d'objets vont flatter vos sens !
Combien ce trajet va vous plaire !
Sans crainte embarquez-vous soudain ;
On est à l'abri du naufrage
Quand pour pilote on a l'Hymen ,
Et les Amours pour équipage.

La nuit sur des bords inconnus
Peut retarder votre voyage,
Et sur l'étoile de Vénus
Il peut se fixer un nuage.
Ne craignez rien. La nuit, le jour,
Pour vous veille un dieu tutélaire ;
Le brillant flambeau de l'Amour
Est un phare qui vous éclaire.

LA ROSE,

CHANSON DE NOCES.

AIR : *Avec vous sous le même toit.*

Au fol Amour, au grave Hymen,
Vénus parlait en tendre mère ;
« Vous trouverez dans mon jardin,
Leur dit-elle, une fleur bien chère ;
Je la confie à mes deux fils,
Amour, ayez soin de la rose ;
Mais, pour lui donner plus de prix,
Que ce soit l'Hymen qui l'arrose. »

La rose fleurit chaque jour,
Chaque jour devient plus jolie ;
Elle charmait tant que l'Amour
De l'avoir seul eut grande envie.
Il la guettait soir et matin
Pour la cueillir à la sourdine ;
Il croit la tenir, mais sa main
De la fleur n'a pris que l'épine.

L'Amour, accablé de douleur,
Pousse des cris, verse des larmes ;
L'Hymen vient, et d'un ton moqueur,
Lui dit de calmer ses alarmes.
« Si cette fleur te fait plaisir,
Pourquoi la prendre avec mystère ?
Apprends qu'on ne peut la cueillir
Qu'avec le secours de ton frère. »

COUPLET D'UNE MÈRE

A LA NOCE DE SON ENFANT.

AIR : *Femmes, voulez-vous éprouver.*

LORSQUE l'Amour unit deux cœurs,
La gaîté préside à la fête :
C'est à ses attraits enchanteurs
A la rendre vraiment complète.
Je me crois encor à vingt ans,
En ce jour pour nous si prorpère ;
Ah! le bonheur de ses enfans
Rajeunit toujours une mère.

LE REPAS DE NOCES.

AIR : *Heureux qui dans sa maisonnette.*

Je vois autour de cette table
L'Hymen, les Grâces, la Beauté ;
J'y vois l'Amour et la Gaîté ;
Tout ce que j'y vois est aimable.
Vous êtes tous de mon avis ;
Je le vois aussi sur vos mines :
Ah ! pour le prouver, mes amis,
    Embrassons nos voisines.

L'aimable enfant de la Folie
Doit régner seul en ce séjour ;
Pour boire à l'Hymen, à l'Amour,
Que chaque coupe soit remplie.
Qu'il est doux de se mettre en train
Près de vous, ô femmes divines !
Et de répéter ce refrain :
    Embrassons nos voisines.

EPITHALAME.

Air : *Mon père était pot.*

Ce jour, en comblant vos désirs,
  M'offre plus d'une ivresse,
Puisqu'il appartient aux plaisirs,
  Nargue de la sagesse.
    Sur des airs badins
    Chantons des refrains
  Donnés par la folie ;
    Chantons sans effort,
    Mais avec transport,
  La beauté qu'on marie.

Elle joint à mille agrémens
  Le meilleur caractère.
Grâces, bonté, soins prévenans,
  C'est là son art de plaire.
    Toujours son esprit
    Charme et divertit
  Sans maligne saillie ;
    Chacun est heureux,
    Chacun est joyeux
  De voir qu'on la marie.

Quand partout j'entends accuser
　　Les hommes d'inconstance,
Vous serez, pour les excuser,
　　De mon avis, je pense.
　　　Ils savent aimer;
　　　Mais pour les fixer,
C'est peu d'être jolie.
　　　Je le dis tout haut:
　　　C'est le cœur qu'il faut
De celle qu'on marie.

L'ambitieux ne dort jamais,
　　Et craint une culbute;
L'auteur qui cherche des succès
　　Souvent trouve une chute.
　　　Leur sort me fait peur,
　　　Amant et buveur,
Je n'ai point leur manie;
　　　Adieu les ennuis,
　　　Sitôt que je suis
Chez celle qu'on marie.

Amis, buvons à qui mieux mieux,
　　Qu'ici l'on me seconde!
Comme le faisaient nos ayeux,
　　Trinquons tous à la ronde!

7

Mettons de côté
L'air de gravité ;
Point de mélancolie !
Peut-on rester froid
Ici quand on voit
Celle qui se marie.

~~~~~~~~~~~~~~~~~~~~~~~~~~~~~~~~~~~~~~~

DUO

ENTRE DEUX ÉPOUX, LE JOUR DE LEUR
MARIAGE.

AIR : *Tout comme a fait ma mère.*

Si l'hymen nous est favorable,
Nous ne serons pas toujours deux ;
Et d'amours une troupe aimable
Doit bientot croître sous nos yeux.
    S'il faut à nos enfans
    Donner des soins touchans,
    Mon cœur dit que je saurai faire
L'épouse. Tout comme a fait ma mère.
L'époux. Tout comme a fait mon père.

~~~~~~

LA FUTURE.

AIR : *Salut, ô divine espérance!*

Je te bénis, beau jour de fête,
Jour favorable, jour heureux!
Ma bouche, sans être indiscrète,
Peut librement chanter ses vœux.
Ici je puis sans flatterie
Tracer un séduisant portrait,
Mais si joli que l'on s'écrie :
C'est la future trait pour trait.

De la déesse de Cythère
Je lui donnerai la beauté.
Douceur d'ange pour caractère,
Sagesse unic à la gaîté.
Si je disais : « C'est la plus belle, »
Partout on la devinerait;
« La plus aimable, » oh! c'est bien elle;
C'est la future trait pour trait.

Le temps, qui de sa faux cruelle
Moissonne les plus belles fleurs,

Saura respecter l'immortelle
Dans les yeux qui troublent les cœurs;
Toujours au printemps de sa vie,
Elle inspire un doux intérêt;
Elle est toujours la plus chérie;
C'est la future trait pour trait.

Que le ciel répande sur elle
Des torrens de félicité;
Que l'Amour, l'Amitié fidèle
La comblent de leur volupté.
Puisse son âme vertueuse
En vain ne faire aucun souhait,
Qu'on dise en voyant une heureuse:
« C'est la future trait pour trait. »

LE CONTRAT

DE L'HYMEN ET DE L'AMOUR.

AIR : *Femmes sensibles.*

Pour affermir leurs droits et leur puissance,
L'Amour, l'Hymen, lassés d'un long débat,
Dirent : « Vivons en bonne intelligence,
Unissons-nous par un heureux contrat. »

Grâces, talent, vertu, délicatesse,
Dont la fortune augmente encor l'éclat,
L'honneur sur-tout, qui vaut bien la ri-
chesse,
Voilà, je crois, les bases du contrat.

Un tel accord est aussi beau que rare.
De si beaux dons qui n'envierait l'éclat !
Couple chéri ! le ciel en est avare,
Jouis long-temps de ce riche contrat.

Famille aimable et tendrement unie,
Tu vis toujours sans trouble ni débat ;
Mais on te voit redoubler d'harmonie,
Quand il s'agit du plus heureux contrat.

7*

Le cœur le dicte ; il vaut mieux qu'un no-
   taire ;
Il en sait plus même qu'un avocat ;
Quand le plaisir lui sert de secrétaire,
Quand c'est l'Amour qui signe le contrat.

Pour le sceller, fêtons cette journée,
Fêtons l'Amour par ce jus délicat,
En attendant que l'heureux Hyménée
Fasse valoir un aussi doux contrat.

CHANSON DE NOCES.

Air connu (d'Hélena).

Guillot de la jeune Isabelle
Depuis long-temps est amoureux ;
Mais l' feu dont il brûle pour elle
Malgré lui le rend soucieux.
Il s'inquiète, il boude, il crie,
S'apaise et cède tour à tour ;
Il n'est point d' véritable amour
Sans un p'tit brin de jalousie.

Guillot d'vient l'époux d'Isabelle ;
Rien n'est égal à son ardeur ;
Ell' s'ra pour le moins éternelle,
Il est au comble du bonheur.
Mais soudain, tout le contrarie ;
Sa flamme s'éteint chaque jour ;
Au bout de trois mois plus d'amour,
Il n' reste que la jalousie.

On sait ben qu' dans le mariage
Le temps n'est pas toujours serein,

On ne peut faire un long voyage
Sans queuq' fois broncher en chemin.
Pour charmer le nœud qui nous lie,
Soyons indulgent tour à tour ;
Le moindre petit brin d'amour
Fait oublier la jalousie.

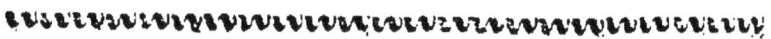

RONDEAU.

DE LA PETITE VILLE.

Ah ! que les nœuds du mariage
A mes yeux offrent de douceur.
L'Amour est vif, il est volage ;
L'Hymen seul fait le vrai bonheur.
Oui, la volupté la plus pure,
C'est l'union de deux époux ;
C'est dans l'Hymen que la nature
　　　　Plaça ses plaisirs,
　　　Ses plaisirs les plus doux,
　　　　Plaça ses plaisirs,
　　　Ses plaisirs les plus doux.

~~~~~~

EPITHALAME.

AIR : *L'amitié vive et pure.*

Qu'ici la gaîté brille,
Amis, restez avec nous;
Célébrons en famille
Nos deux aimables époux.
Pour leur union parfaite,
Chantons, dansons tout le jour.
Oui, c'est aujourd'hui la fête
De l'Hymen et de l'Amour.

Une noce si chère
Pour nous va bientôt finir;
De l'amoureux mystère
L'instant doit enfin venir.
Qu'à partir chacun s'apprête...
Epoux! demain que le jour
Vous trouve encore à la fête
De l'Hymen et de l'Amour.

LE MARIAGE DE L'AMOUR.

Air : *Femmes, voulez-vous éprouver.*

De prendre femme, un jour ! dit-on,
L'Amour conçut la fantaisie ;
On lui proposa la Raison,
On lui proposa la Folie ;
Quel choix fera le dieu fripon !
Chaque déesse est fort jolie ;
Il prit pour femme la Raison,
Et pour maîtresse la Folie.

Il les aima toutes les deux
Avec une constance égale ;
Et l'épouse vivait au mieux
Avec sa charmante rivale.
Survint un double rejeton
De la double galanterie.
L'Ennui naquit de la Raison,
Et le Plaisir de la Folie.

~~~~~~

COUPLETS DE NOCES.

Air de la croisée.

CHAQUE jour d'austères censeurs
A notre siècle font outrage ;
A les entendre plus de mœurs,
Plus d'amour dans le mariage.
A tort, messieurs les beaux esprits,
Vous critiquez ainsi les hommes ;
Il est encor de bons maris
    Dans le siècle où nous sommes.

C'est contre les femmes surtout
Que s'exerce votre critique :
« Elles n'aiment plus rien par goût,
» C'est caprice ou bien politique. »
Quoique vos discours, vos écrits,
Disent qu'elles trompent les hommes,
On en voit aimer leurs maris
    Dans le siècle où nous sommes.

Peut-être direz-vous encor
Que dans l'union des familles,

Nos bons aieux du siècle d'or
Laissaient libre le choix des filles ;
Mais nos pères, pour leurs enfans,
Sont-ils donc de si méchans hommes ?
Moi, je connais de bons parens
    Dans le siècle où nous sommes.

Tout le temps passé ne vaut pas
Une heure de cette journée,
Puisque dans nos joyeux ébats
Au bonheur elle est destinée.
Sans m'informer si nos aïeux
Furent les plus heureux des hommes,
Je sens qu'on peut l'être autant qu'eux
    Dans le siècle où nous sommes.

L'HYMEN.

Air connu.

L'HYMEN est un lien charmant,
Lorsque l'on s'aime avec ivresse,
Et ce n'est que dans la jeunesse
Qu'on peut s'aimer bien tendrement.
C'est un gentil pélérinage
Que l'on entreprend de moitié ;
Peines, plaisirs, tout se partage ;
L'Amour, l'Estime et l'Amitié
Sont les compagnons du voyage.

Si par malheur chez les époux
On voit naître l'indifférence ;
Si la triste et froide inconstance
Succède à leurs transports si doux,
Plus n'est gentil pélérinage
Qu'on faisait gaîment de moitié.
Mais si l'Amour devient volage,
Qu'au moins l'Estime et l'Amitié
Restent compagnons du voyage.

ÉPITHALAME.

AIR : *Avec vous sous le même toit.*

O vous, qui portez en ce jour
La couronne de l'Hyménée,
Je vois le bonheur et l'Amour
Préparer votre destinée.
Si vos cœurs avant ce lien,
Sentaient les feux de la nature,
Le vice n'y gagnera rien,
La vertu chez vous les épure.

Qu'une jeune et tendre beauté
Et nous charme et nous intéresse,
Quand scellant sa félicité,
L'Hymen couronne la sagesse !
Belle, nous voyons, satisfaits,
Et de tes vertus l'âme émue,
Ce dieu poser sur tes attraits
La couronne qui leur est due.

LE TRAITÉ

DE L'HYMEN ET DE L'AMOUR.

Air : *La maison de M. Vautour.*

Au dieu d'Hymen le dieu d'Amour
Disait jadis : « Mon jeune frère,
» Pourquoi faut-il que chaque jour
» Je vous trouve à mes vœux contraire :
» Si j'enflamme un couple charmant
» D'une ardeur vive et mutuelle,
» Vous paraissez... et dans l'instant
» Ce feu n'est plus qu'une étincelle.

» Consultons mieux nos intérêts,
» Puisqu'un même but nous rassemble;
» Je suis prêt à signer la paix,
» Mon frère, vivons mieux ensemble.
» Mettez en mes mains le flambeau,
» Symbole de votre puissance;
» Moi, je vous donne mon bandeau
» Pour gage de notre alliance. »

Ainsi parla l'enfant malin;
L'Hymen qui crut gagner au change,
Se rendit sans peine, et soudain
Tous deux consommèrent l'échange.
Le dieu d'Hymen de son flambeau
Arma le fils de Cythérée;
Le dieu d'Amour de son bandeau
Couvrit les yeux de l'Hyménée.

Depuis ce temps, le dieu d'Amour
Commande en maître chez nos dames;
Telle à ses traits résiste un jour,
Qui cède aussitôt à ses flammes.
Armé du terrible flambeau,
Ce dieu n'a plus rien qu'il redoute;
Et grâce au magique bandeau,
Son frère l'Hymen n'y voit goutte.

wwwwwwwwwwwwwwwwwwwwwwwwwwwwwwwwwwww

LE NOMBRE DEUX.

Air du petit matelot.

Un auteur chante ce qu'il aime,
Pour moi j'aime le nombre deux;
Je trouve en lui le bien suprême,
C'est le nombre le plus heureux.
Ismène, servez-moi de preuve,
Votre air est triste et langoureux,
Vous vous ennuyez d'être veuve,
Vous ririez si vous étiez deux.

Par la nature, toujours sage,
Le nombre deux fut adopté;
Dieu même le mit en usage
Pour nous signaler sa bonté.
Adam végétait solitaire,
Son sort lui semblait malheureux,
Il eut le paradis sur terre
Quand Ève et lui formèrent deux.

La jouissance la plus pure
Naquit alors du nombre deux;

8 *

Il n'est point de belle figure
Où l'on ne trouve deux beaux yeux.
Ismène a deux lèvres vermeilles
Pour les baisers et le discours ;
Deux pieds, deux bras et deux oreilles,
Et deux boutons pour les amours.

Pour être exempt de toute peine
Je ne veux que le nombre deux ;
Deux jours de bonheur par semaine ;
Chaque nuit deux fois être heureux ;
Deux amis qui soient sans reproche,
Par jour deux repas succulens,
Deux bourses pleines dans ma poche,
Et cela pendant deux cents ans.

———

A UNE NOUVELLE MARIÉE.

AIR : *O ma tendre musette !*

PETITE jeune femme
Sous le joug de l'Hymen
Tu vas livrer ton âme,
Connais donc ce lien.
Que la sagesse austère
T'accompagne toujours ;
Que le devoir sévère
Remplace les amours.

Tu te dois tout entière
Aux vœux de ton époux ;
Jamais d'humeur altière,
De sentimens jaloux.
Et si le ciel propice
T'accorde des enfans,
Que ton sein les nourrisse,
Instruis leurs jeunes ans.

Ah ! fuis d'une coquette
Les airs et la fadeur,

Et que dans ta toilette
On puisse voir ton cœur.
De la simple nature
Conserve les appas ;
La vertu les épure,
L'art ne les double pas.

~~~~~~

LE BONHEUR.

COUPLET DE NOCES.

Air de la sentinelle.

GRANDS et petits, les aveugles humains
Sont entraînés par la même faiblesse ;
L'ambitieux veut de nobles destins,
L'un du pouvoir, l'autre de la richesse.
  Chacun veut saisir le bonheur,
  Il fuit comme l'éclair qui brille ;
  Le chercher loin, c'est une erreur,
  Le bonheur se trouve en famille.

~~~~~~

A UN MARI,

PAR SON ÉPOUSE.

Air : *Si Pauline est dans l'indigence.*

D'hymen je redoutais les chaînes ;
Las! on m'avait dit tant de fois
Q'Hymen ne causait que des peines
Aux cœurs enchaînés sous ses lois.
Mais aujourd'hui ce dieu m'engage ;
Et je n'en ai nul repentir.
Ah! pour vivre heureux en ménage,
Il ne faut que savoir choisir.

Je voulais un époux sincère ;
Aux talens joignant un bon cœur,
Qui par ses soins, son caractère,
Dans tous les temps fît mon bonheur.
Je te vis ces dons en partage,
A toi je brûlai de m'unir.
Ah! pour être heureux en ménage,
Il ne faut que savoir choisir.

Qu'au nom seul d'Hymen on s'alarme ;
Moi je chéris ses douces lois ;
Des beaux jours je devrai le charme ,
A l'époux l'ami de mon choix.
Jusqu'à la mort de tout orage
Il saura bien me garantir ;
Oui, pour être heureux en ménage ,
Il ne faut que savoir choisir.

A ****

LE JOUR DE SON MARIAGE.

AIR : *Avec les jeux dans le village.*

L'HYMEN est une belle chose :
Tu vas subir ses douces lois ;
L'Amour, qui de ton cœur dispose ,
Sourit, applaudit à ton choix.
Que de plaisirs l'Hymen t'apprête !
Que je suis tendrement ému !
Je crois voir en ce jour de fête ,
L'Amour s'unir à la Vertu.

A UN NOUVEAU MARIÉ.

AIR : *Du partage de la richesse:*

A la voix du plus doux des maîtres
Ton cœur sensible s'est rendu ;
Plaignons l'homme à qui tous les êtres
Donnent un exemple perdu ,
Dont l'âme égoïste et jalouse
En soi cherche tout son bonheur ;
Et de qui le saint nom d'épouse
N'a point fait palpiter le cœur.

Le bœuf sent l'amour dans nos plaines ;
L'oiseau le chante dans les airs :
Son feu consume les baleines
Jusque sous les glaces des mers.
De lui résister on se lasse ;
Partout on cède à son pouvoir ;
Partout deux à deux on s'embrasse ,
Et l'univers n'est qu'un boudoir.

Les fleurs que l'on crut insensibles
Sentent le frisson du plaisir ;

L'Amour dans leurs réduits paisibles
S'insinue en léger zéphir.
Ce Dieu, parmi leurs courtines,
Va murmurant ses douces lois,
Joint les pistils aux étamines,
Et tout se féconde à sa voix.

Ami, leur couche nuptiale
M'a révélé tous leurs secrets.
Chaque fleur à mes yeux étale
Et son bonheur et ses attraits.
Mais la foule, je le parie,
Des fleurs que la terre nourrit;
N'en offre point d'aussi jolie
Que celle que l'Hymen t'offrit.

~~~~~~

AVIS A UNE JEUNE MARIÉE.

AIR : *Rien, tendre Amour.*

JEUNES époux, l'amour est peu de chose ;
Ah ! de ce peu sachez au moins jouir.
De vos plaisirs n'échauffez pas la rose,
Si vous voulez prolonger le plaisir.

Dans sa fraîcheur, elle plaît, elle enchante ;
En se fanant, elle ne séduit plus :
Si vous aimez cette sensible amante,
Epargnez-lui des regrets superflus.

De vos baisers modérez la tendresse ;
Ne risquez pas pour le plaisir d'un jour ;
Tout le bonheur d'une longue jeunesse,
Qu'en un instant peut perdre trop d'amour.

Jouissez donc, mais que ce soit en sage !
Soignez le fonds, vivez des revenus !
Si l'étourdi ruine le jeune âge,
Que le prudent le dépense en Crésus !

COUPLETS

POUR LA NOCE D'UNE ESTHER.

AIR : *Jeunes amans, cueillez des fleurs.*

Un berger tendre et malheureux,
Pour adoucir ses destinées,
Cherchait une nymphe en tous lieux,
Même au-delà des Pyrénées.
Il court en vain, mais de retour,
S'arrêtant non loin de la Seine,
Il voit Esther, cède à l'amour,
Et reconnaît sa souveraine.

Esther a le pouvoir vainqueur
De sa patrone si chérie,
Dont la beauté toucha le cœur
Du fier monarque d'Assyrie.
Comment le futur, entre nous,
Ne lui rendrait-il pas les armes!
Messieurs, voyez ces yeux si doux;
Peut-on résister à leurs charmes?

Venez Grâces, venez Amours,
Avec des fleurs dans vos corbeilles ;
Semez-les toutes sur leurs jours
Aussi purs qu'elles sont vermeilles.
Des nuits l'Hymen se chargera,
Et l'Amitié qui suit sa trace,
Applaudissant, à part dira :
Je voudrais bien tenir sa place.

A UNE JEUNE MARIÉE.

Air : *Femmes, voulez-vous éprouver.*

D'un époux sans cesse amoureux
Le bonheur sera ton ouvrage ;
A te faire chérir tes nœuds
Aujourd'hui cet époux s'engage.
Promesse d'aimer constamment
Ne sera point vaine et frivole ;
Et l'Amour, qu'on dit inconstant,
Sera fidèle à sa parole.

~~~~~~

COUPLETS

Improvisés par un marié, le premier jour
de ses noces.

Air de la Baronne, ou *Bouton de rose.*

> Du mariage
> Chacun me vantait le bonheur ;
> J'ai bien tardé ; mais à mon âge,
> Il m'était permis d'avoir peur
> Du mariage.

> Du mariage
> Je n'ai plus aucune frayeur.
> Quand on prend femme belle et sage,
> Il n'est pas permis d'avoir peur
> Du mariage.

> Le mariage
> Enfin va combler tous mes vœux ;
> Oui, ce soir j'aurai l'avantage
> De consommer... si je le puis,
> Le mariage.

~~~~~~

PORTRAIT DE LA FUTURE.

AIR : *J'ai vu partout dans mes voyages.*

D'UNE future, d'une amie,
Voulez-vous avoir le portrait ?
Je cède à votre fantaisie,
Mais je crains qu'il soit imparfait.
Quand le vrai mérite nous touche ;
Notre œil est mauvais connaisseur ;
Et les éloges de la bouche
Expriment trop mal ceux du cœur.

La future est mieux qu'une belle ;
Elle a je ne sais quoi qui plaît ;
L'air doux ou fier de sa prunelle
Offre un contraste assez parfait.
Souvent on y voit la tendresse
Accompagner la bonne humeur,
Et dans ses gaîtés, la sagesse
Se pare encore de sa pudeur.

On lui connaît cette finesse
Qu'il faut pour captiver un cœur.

9 *

(Cœur de mari) dont la paresse
Fait souvent la chasse au bonheur
On lui connaît... mais je m'égare
Dans mon zèle et dans mon transport,
J'en dois parler comme un avare
Se plaît à parler d'un trésor.

A UNE JEUNE MARIÉE.

Air du vaudeville de l'Avare et son ami.

VEUX-TU, dans le nœud qui t'engage,
Ce nœud redouté des amans,
Fixer enfin l'amant volage ?
Compte peu sur tes traits charmans,
Il ne suffit pas d'être bel'e
Pour inspirer un feu constant.
C'est à la beauté qu'on se rend,
Mais c'est au cœur qu'on est fidèle.

COUPLETS

POUR LE JOUR D'UN MARIAGE.

AIR : *Il faut des époux assortis ,*

ou

Femmes , roulez-vous éprouver.

LE mariage est un contrat
Emportant rente viagère ,
Qu'il faut le soir être en état
De solder à sa ménagère.
Pour ne pas mettre à fonds perdus
Votre honneur et nos espérances ,
A l'instant où le terme est dû ,
Tâchez toujours d'être en avance.

Le contrat à peine est signé ,
Qu'il faut aller à l'audience ;
Ce soir vous êtes assigné
Pour votre première échéance ;
Et loin de laisser protester
La traite que vous avez faite,

Vous saurez, je gage escompter
Plusieurs quartiers de votre dette.

Jeune fille doit à son tour
La promesse qu'elle a souscrite ;
Promesse faite par l'Amour
Et que ce soir l'Amour acquitte.
A vous prodiguer ses trésors
Pour peu que l'épouse diffère,
Employez la prise de corps
Qui devient plus que nécessaire.

Ne vous mettez pas en faux frais
Dans le commerce de la vie ;
Evitez surtout les procès
Que fait naître la jalousie.
Toujours entre de bons époux
La jalousie est étrangère,
Et loin de vous rendre jaloux,
Votre bonheur ne peut qu'en faire.

F I N.

TABLE

DES CHANSONS.

FIN DE LA TABLE.

www.ingramcontent.com/pod-product-compliance
Lightning Source LLC
Chambersburg PA
CBHW060627100426
42744CB00008B/1524